W0067911

Der Arena LeseStier
Sachgeschichten für Erstleser

Franz S. Sklenitzka

1947 in Lilenfeld in Niederösterreich geboren, zählt zu den bekanntesten
Kinderbuchautoren Österreichs. Seine Bücher wurden in mehrere Sprachen
übersetzt und erhielten zahlreiche Auszeichnungen. In der »Werkstatt« des
ehemaligen Lehrers entstehen auch Comics, Schulbuchbeiträge und Hörspiele.
Und immer wieder geht es bei ihm auch um das runde Leder. Schließlich wird
bei den Sklenitzkas schon in der dritten Generation Fußball gespielt.

In der Reihe *Der Arena LeseStier – Das will ich wissen* ist von Franz S.
Sklenitzka bereits der Titel »Die Steinzeitmenschen« erschienen.

Helmut Kollars,

geboren 1968 in Graz/Steiermark, lebt heute in Irland.
Nach langjähriger Tätigkeit als freiberuflicher Grafiker und Illustrator
hat er sich vor einigen Jahren ausschließlich dem Kinderbuch verschrieben.
Seine Bücher erscheinen in bisher sechs Sprachen,
einige wurden preisgekrönt.

Franz S. Sklenitzka

Das will ich wissen
Fußball

Mit Bildern von
Helmut Kollars

Arena

In neuer Rechtschreibung

1. Auflage 2000
© 2000 by Arena Verlag GmbH, Würzburg
Alle Rechte vorbehalten
Einband und Innenillustrationen: Helmut Kollars
Reihengestaltung: Karl Müller-Bussdorf
Gesamtherstellung: Westermann Druck Zwickau GmbH
ISBN: 3-401-05039-7

Inhalt

Jakob, der Held des Tages

Jakobs große Liebe heißt Fußball.
Fußball spielt Jakob, seit er laufen kann.
Zuerst in der Wohnung, im Flur.
Später im Garten, gegen seinen Papa.
Und seit einem Monat ist Jakob in einem
Verein, beim 1. FC Ravelsbach!
In einer echten Fußballmannschaft
mit Jungen und Mädchen,
die so alt sind wie er.

Zweimal die Woche ist Training.
Kein einziges Mal hat Jakob bisher gefehlt!
Doch gespielt,
in einem richtigen Match gespielt,
hat er noch nie. Warum?
Jakob kann sich's nicht erklären.

Heute ist wieder Training:
Gymnastik, kurze Sprints,
auf Zuruf des Trainers stoppen.
Danach Übungen mit dem Ball.
Zuletzt folgt ein Match.
Jakob spielt in der Abwehr.
Das hasst er!
Jakob will Tore schießen. Tore!
Doch Verteidiger schießen selten Tore.

»Am Samstag gegen Altenberg
wird's schwer«, sagt der Trainer
nachher in der Umkleidekabine.
»Und wenn wir gewinnen?«, fragt Ersin.
»Gegen den Ersten?« Der Trainer lacht.
»Wenn ihr wirklich gewinnt,
wartet eine tolle Überraschung auf euch!«
Dieses Spiel gegen Altenberg ist wichtig,
so viel versteht Jakob. Sehr wichtig.
Und er hofft ganz fest, dabei zu sein.

Dann ist der Samstag da.
Pünktlich sind alle auf dem Sportplatz.
Der Trainer liest die Aufstellung vor:

Wer im Tor spielt, in der Abwehr,
wer im Mittelfeld und wer im Angriff.
Aber was ist mit Jakob?
Wieder Ersatz? Wieder nur Ergänzungsspieler!
Da nimmt Jakob all seinen Mut zusammen.
»Warum«, stößt er hervor,
»warum darf ich nicht spielen, Trainer?«
»Na ja.« Der Trainer kratzt sich am Kopf.
»Deine Technik ist ja okay. Aber du bist noch
zu klein und zu dünn. Mehr essen, Jakob!
Sonst verlierst du jeden Zweikampf.«
Jakob versteht die Welt nicht mehr.
Ist es nicht egal, ob einer groß ist oder klein,
dick oder dünn? Hauptsache, er kann kicken!

Das Spiel geht los:
Die Rot-Weißen aus Ravelsbach
gegen die Gelben aus Altenberg.
Kurz nach dem Anpfiff passiert etwas:
Udo stößt mit einem Gegenspieler zusammen
und bleibt auf dem Rasen liegen.
Er schreit, so weh tut es.

Der Trainer läuft auf das Spielfeld.

Jakob sieht, wie er Udo tröstet.

Er trägt ihn zur Betreuerbank.

»Jakob, aufwärmen!«, ruft er.

Jakob springt auf wie elektrisiert.

Schon steht er da in seinem rot-weißen Trikot.

Auf ein Zeichen des Schiedsrichters

stürmt der kleine Junge auf das Spielfeld.

Er wird sich mächtig ins Zeug legen!

Mit null zu null geht's in die Pause.
»Klasse!«, lobt der Trainer. »Weiter so!
Ihr kämpft ja wie die Löwen.«
In der zweiten Hälfte ändert sich wenig.
Das Spiel wogt hin und her.
Der letzte Angriff bringt einen Eckball
für Jakobs Elf.
Alle Ravelsbacher gehen mit nach vorn,
auch Jakob. Sogar Tobias, der Libero.
Verena schlenzt den Eckball scharf
vor das Tor – mit dem richtigen Drall.
Dem Tormann ist die Sicht verstellt.
Der Ball segelt auf Jakob zu.
Er braucht nur mehr den Fuß hinzuhalten
und trifft – mit dem Knie!
Die Kugel landet im Netz. 1:0!

a) Kabineneingang   b) Trainerbank   c) Pressekabinen   d) Anzeigetafel   e) Fernsehkamera   f) Videotafel   g) Flutlicht

Alle Ravelsbacher rennen zu Jakob
und wollen ihm gratulieren.
Aber eine Minute muss noch gespielt werden.
Dann der Abpfiff:
Die Rot-Weißen liegen sich in den Armen.
Ersin ruft: »Die Überraschung, Trainer!«
Der Trainer lacht – und lässt Ersin zappeln.
»Ich lade euch alle ein«, sagt er dann.
»Die Eintrittskarten sind schon reserviert
für das UEFA-Cup-Spiel im Stadion!«

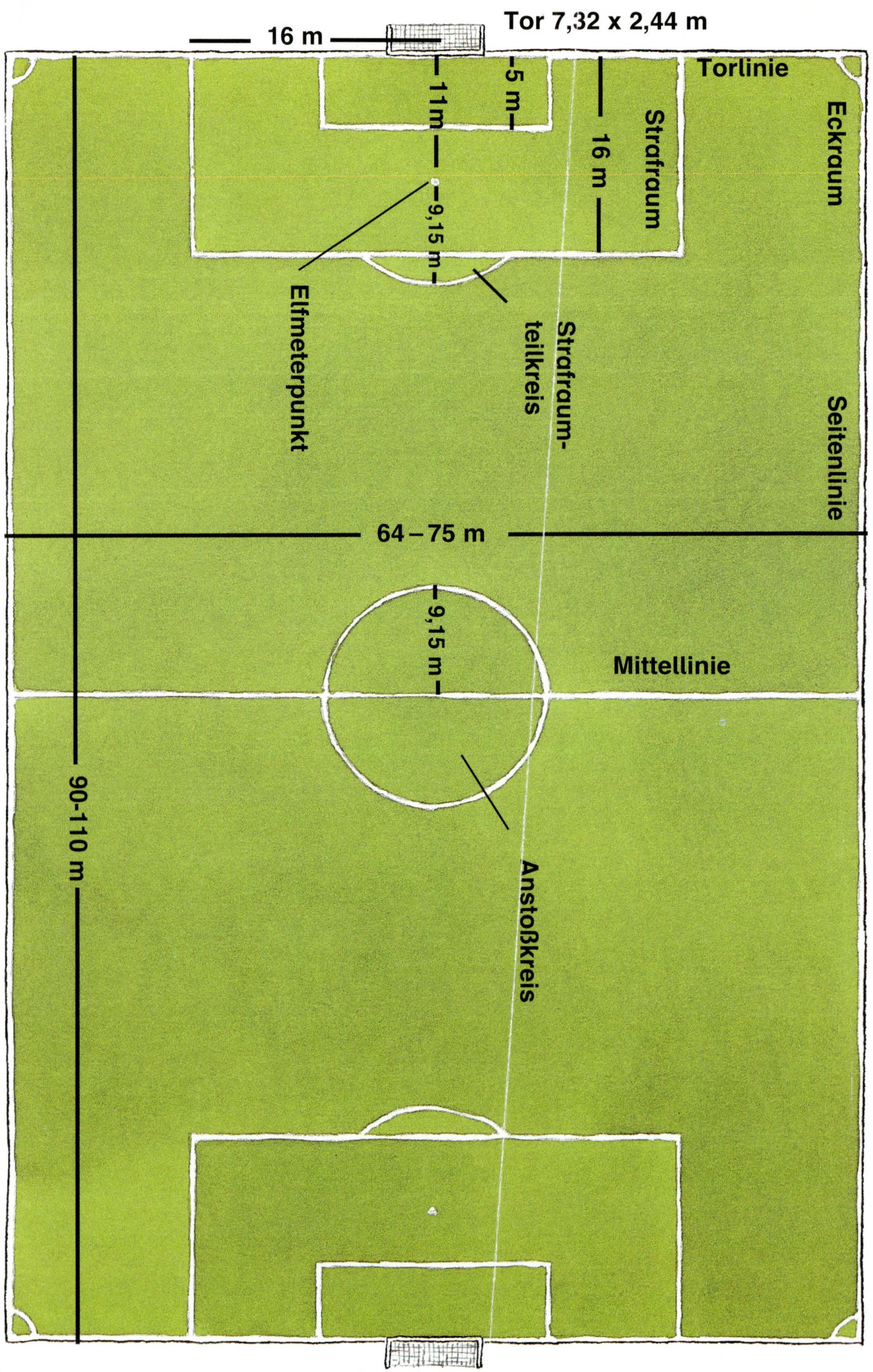

13

Tor 7,32 x 2,44 m

16 m

Torlinie

5 m

11m

16 m

Strafraum

Eckraum

9,15 m

Elfmeterpunkt

Strafraum-teilkreis

Seitenlinie

64 – 75 m

9,15 m

Mittellinie

90-110 m

Anstoßkreis

Alle Ravelsbacher rennen zu Jakob
und wollen ihm gratulieren.
Aber eine Minute muss noch gespielt werden.
Dann der Abpfiff:
Die Rot-Weißen liegen sich in den Armen.
Ersin ruft: »Die Überraschung, Trainer!«
Der Trainer lacht – und lässt Ersin zappeln.
»Ich lade euch alle ein«, sagt er dann.
»Die Eintrittskarten sind schon reserviert
für das UEFA-Cup-Spiel im Stadion!«

Anzeigetafel   e) Fernsehkamera   f) Videotafel   g) Flutlicht

a) Kabineneingang   b) Trainerbank   c) Pressekabinen   d

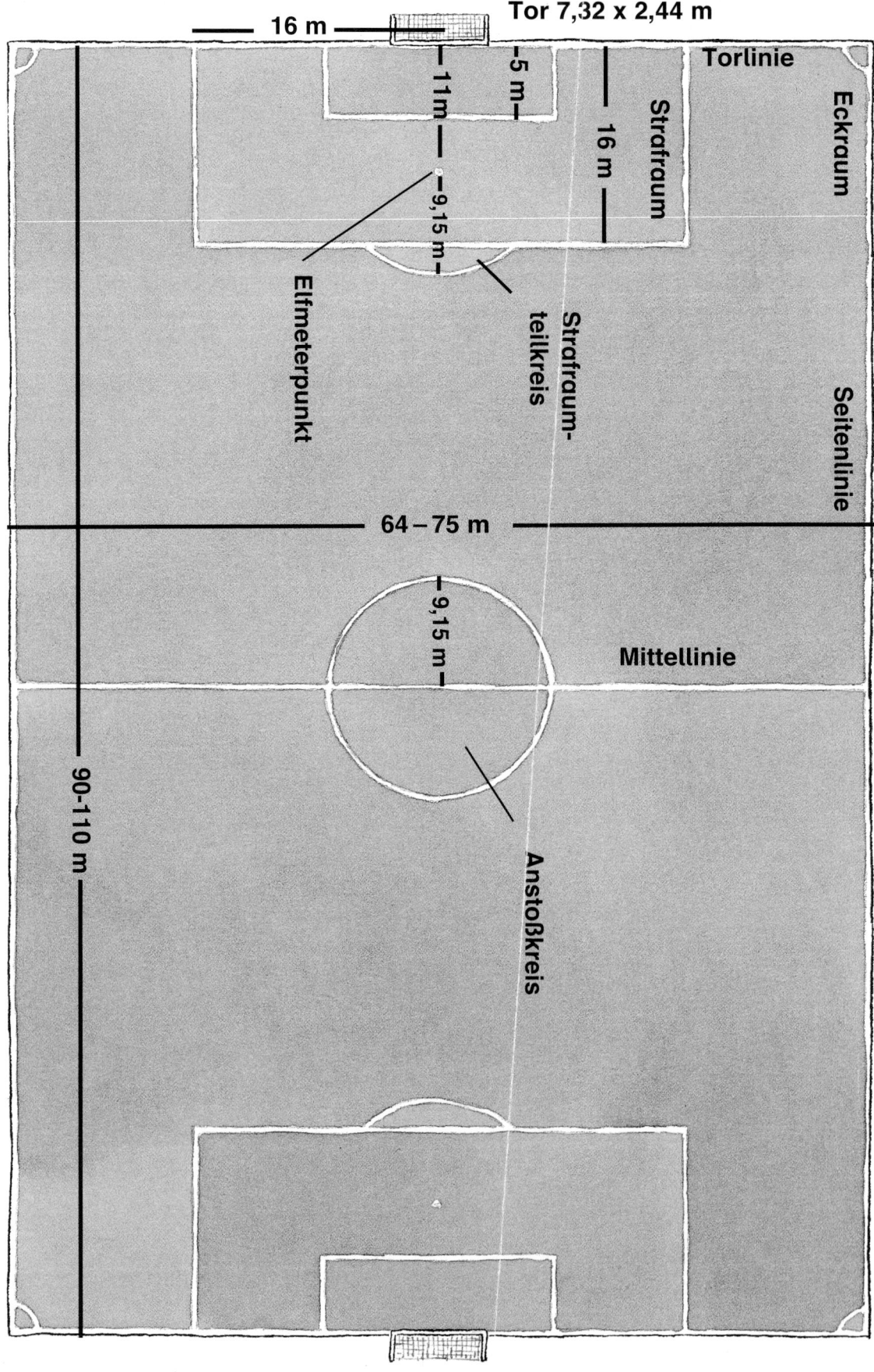

Das Aufwärmen

Für viele, nicht nur für Jakob,
ist Fußball die wichtigste Sache der Welt –
vielleicht auch für dich.
Bevor ein Spieler aber dem Ball nachjagt,
sollte er sich unbedingt aufwärmen.
Sonst besteht die Gefahr
von Muskelverletzungen!
Und dann ist's aus mit dem
Fußball für ein paar Wochen.
Hier findest du ein paar Streck-
und Dehnungsübungen, die auch
die Profis vor dem Spiel und
vor dem Training machen.

Dehnung des vorderen
Oberschenkels

Dehnung des inneren
Oberschenkels

Sicherheitskräfte   i) Werbetafeln   k) Pressefotografen   l) Sc

Die Abmessungen eines regulären Fußballfeldes betragen 90–110 m in der Länge und 64–75 m in der Breite.
Das Feld für die Kinder- und 7-er Mannschaften ist in der Regel kleiner.

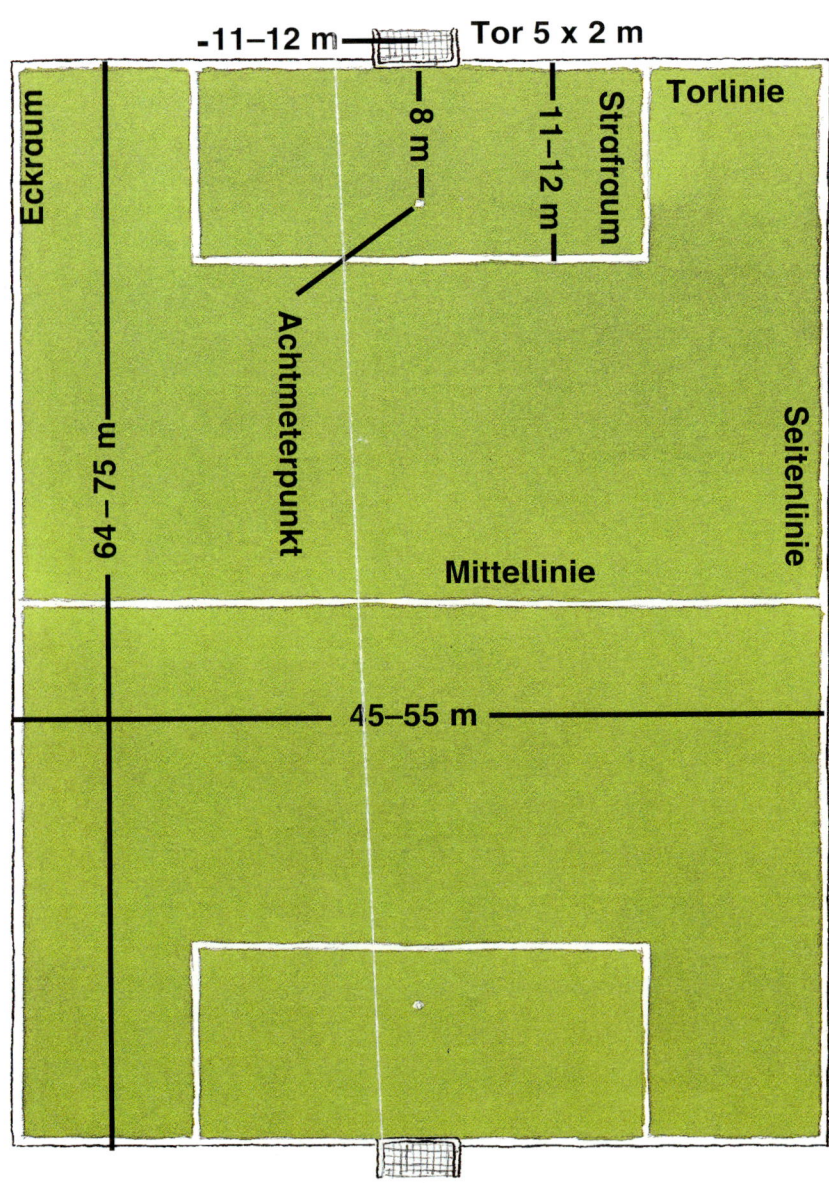

Dehnung des hinteren
Oberschenkels

Dehnung der
Rückenmuskulatur

Kräftigung der
Bauchmuskulatur

Dehnung der Wadenmuskeln

21

Die Ausrüstung

Stollen

Jakob trägt Fußballschuhe,
damit er nicht so leicht ausrutscht.
Fußballschuhe haben Stollen auf der Sohle –
besonders wichtig, wenn der Rasen nass
oder der Fußballplatz matschig ist.
Außerdem steckt Jakob immer
Schienbeinschoner unter die Stutzen.
Denn manchmal trifft ein Spieler
die Beine des Gegners und nicht den Ball.
Fußballspieler tragen außerdem Trikots,
kurze Hosen und Stutzen.
Die Spieler einer Mannschaft
sind immer gleich gekleidet.
So kann man
die eigenen Mitspieler sofort erkennen
und die Zuschauer wissen,
wer zu welcher Mannschaft gehört.
Damit man sich die Spieler
besser merken kann, haben Trikots
häufig auch Rückennummern.
Die Nummer eins ist dem Torwart vorbehalten.

Der Torwart hat eine Extraausrüstung:
Weil er oft auf dem Boden landet,
trägt er gern einen Knieschutz.
Auch seine Hose und
die Ellbogen
seines Tormanntrikots
sind gepolstert.
Torwarthandschuhe
haben kleine Noppen
Diese wirken wie Saugnäpfe.
So kann der Torwart auch
einen nassen oder
scharf geschossenen Ball
gut festhalten.
An den Fingern sind die Handschuhe
verstärkt als Schutz vor
Verstauchungen.
Damit ihn die Sonne nicht blendet,
trägt der Torhüter manchmal eine Schirmmütze.
Und dann gibt es noch den Fußball. Er ist
heutzutage meistens aus Kunststoff und wiegt
normalerweise ungefähr 430 Gramm.
Der Kinderfußball ist leichter.

Schirmmütze

Ellbogenschutz

Verstärkung

Torwart-
handschuhe

Knieschutz

Die verschiedenen Schusstechniken

Zuschauer wollen nicht nur
ein gutes Spiel sehen,
sondern vor allem Tore.
Es gibt die verschiedensten Möglichkeiten,
den Ball ins Tor zu befördern.
Mit einem wuchtigen Fernschuss
oder mit einem sanften »Roller«,
mit der Brust, mit der Hacke
oder – wie Jakob – mit dem Knie.

Abpraller

Roller

24

Fernschuss

Schuss mit der
Hacke

Ein Pechvogel ist,
wer den Ball ins eigene Tor lenkt.
Dann spricht man von einem »Eigentor«.

Eigentor

Auch mit Köpfchen
wird so manches Tor erzielt.
Aber *du* solltest in deinem Alter
auf Kopfbälle verzichten.
Die Gefahr, sich zu verletzen,
ist einfach zu groß.

Wer den Ball mit der Schuhspitze tritt,
ist leicht als Anfänger zu erkennen.
Bei so einem Schuss weiß man nie,
wo er hingeht.
Die schärfsten und gezieltesten Schüsse
gelingen mit dem Spann.

Doch wenn du weit weg bist
vom Tor des Gegners, zu weit weg
für einen Torschuss? Was dann?
Dann solltest du »abspielen«,
den Ball zu einem freistehenden
Mitspieler befördern, zu einem,
der in besserer Position ist als du.

So einen Spielzug, wenn zwei Spieler
einer Mannschaft sich den Ball zuspielen,
nennt man Pass.
Der Pass zum Mitspieler
ist eine ganz wichtige Sache im Fußball.
Alle Pässe sollen genau gespielt werden.
Sonst landet der Ball beim Gegner.
Das nennt man dann Fehlpass.

Querpass

Steilpass

Rückpass

Doppelpass

Einen kurzen Pass schlägst du am besten
mit der breiten Innenseite des Fußes,
weite Pässe besser mit dem Innenspann.
Mit dem Innenspann kannst du auch von der
Seite her hohe Flanken vor das Tor geben
oder direkt auf das Tor schießen.
Mit dem Außenspann
kannst du den Ball im Laufen
seitlich nach außen abspielen
oder aufs Tor schießen.

Wenn du einmal am Ball bist
und kannst nicht abgeben,
weil kein Mitspieler freisteht,
versuchst du am besten ein Dribbling.
Dribbeln heißt Laufen
und dabei den Ball am Fuß führen.

Außenspann

Innenspann

Beim Volleyschuss
übernimmst du den Ball aus der Luft
und schießt, ohne dass er
vorher den Boden berührt.

Noch mehr Ballgefühl brauchst du
für einen Fallrückzieher.

Der Torwart

Der Tormann hütet das Tor.
Deswegen heißt er auch Torhüter, Torwart,
»Schlussmann« oder Keeper (sprich Kieper).
Der Tormann ist der Einzige,
der den Ball auch mit der Hand
berühren darf –
aber nur in einem kleinen Bereich,
dem Strafraum.
Fliegt die Kugel auf sein »Heiligtum« zu,
weiß jeder Torhüter: Den Ball zu fangen
ist am sichersten – und zwar
mit beiden Händen.

Strafraum

Torraum

Kickt jedoch ein Spieler der eigenen Elf
dem Tormann den Ball zurück,
darf ihn der Torhüter
nicht mit der Hand berühren,
auch nicht im Strafraum!
Nur im Kinderfußball ist das erlaubt.
Manche Schüsse sind zu scharf zum Fangen.
Dann wehrt der Tormann
mit den Händen ab
oder er »faustet« den Ball, das heißt,
er boxt ihn weit aus dem Strafraum,
neben oder über das Tor.
Im Notfall – oder bei einem Rückpass –
wehrt er den Ball mit dem Fuß ab.

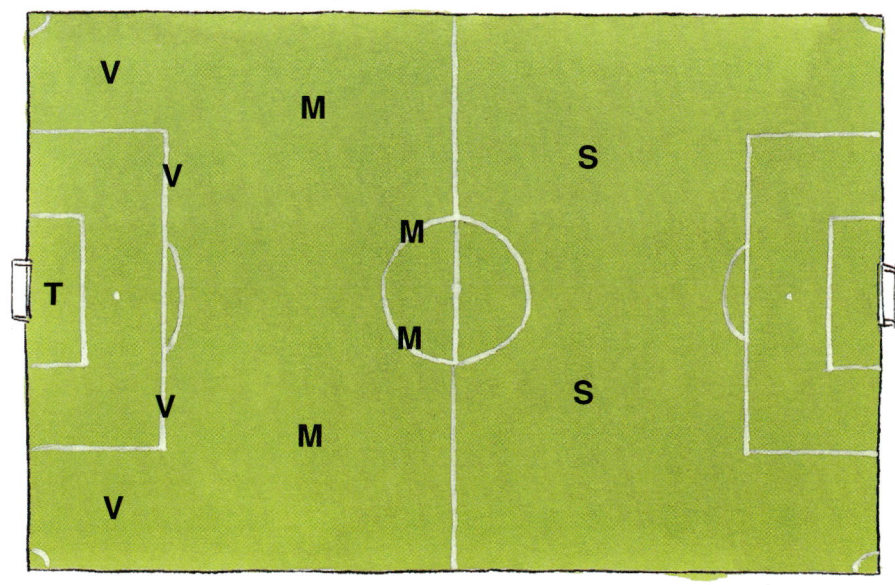

T = Torhüter, V = Verteidiger, M = Mittelfeldspieler
S = Stürmer

Die Spielerpositionen

Wir wissen schon:

Wer Tore schießen will, muss angreifen.

Wer sie verhindern will, muss verteidigen.

Deshalb gibt es in jeder Mannschaft

Angriff und Abwehr.

Dazwischen liegt das Mittelfeld.

Die Mannschaft teilt sich untereinander

den Raum auf, damit nicht jeder

über das ganze Spielfeld hetzen muss.

Angreifer heißen auch Stürmer.
Abwehrspieler heißen auch Verteidiger.
Die Angreifer bleiben in der Regel
auf dem Spielfeld weit vorne
in der Nähe des gegnerischen Tores.
Ihre Aufgabe: Tore schießen.
Die Abwehrspieler halten sich mehr
in der Nähe des eigenen Tores auf.
Sie sollen dafür sorgen,
dass die gegnerischen Angreifer
keinen Ball bekommen,
sollen die Stürmer des Gegners
»beschatten« oder »decken«.
Deshalb werden manche Abwehrspieler
auch »Manndecker« genannt.
Viele Teams spielen mit einem Libero.
Er ist der letzte Mann vor dem Torhüter
und braucht keinen Angreifer decken.
Der Libero soll »ausputzen«,
also dort sein, wo es gerade »brennt«.
Im modernen Fußball soll ein Abwehrspieler
aber auch angreifen können
und ein Angreifer auch verteidigen.

Zwischen Angriff und Abwehr
haben die Mittelfeldspieler ihren Platz.
Sie müssen während eines Spiels
am meisten laufen und sollten
gute und genaue Pässe schlagen können.

Mittelfeldspieler »schleppen« die Bälle nach
vorne, bereiten also den Angriff der eigenen Elf
vor.
Hat die andere Mannschaft den Ball,
müssen die Mittelfeldspieler versuchen
sie beim Angriff zu stören.

Die wichtigsten Regeln

a) Grundregeln

Jede Mannschaft besteht normalerweise aus elf
Spielern.
Verletzt sich einer (wie Udo)
oder spielt er schlecht,
darf er ausgewechselt werden.
Wenn der Trainer einen Spieler
auswechseln will, zeigt er es dem
Schiedsrichter an.
Dieser führt die Auswechselung durch.
Die Spielzeit beträgt zweimal 45 Minuten,
dazwischen ist eine Viertelstunde Pause.
Kindermannschaften bestehen nur
aus sieben Spielern und die Halbzeiten
dauern kürzer.
Nicht alle der hier erklärten Regeln
gelten auch im Kinderfußball.
Trotzdem ist es wichtig,
sich mit ihnen schon einmal
vertraut zu machen.

b) Wenn es losgeht

Jedes Spiel beginnt mit dem Anpfiff.

Vorher wird gelost.

Der Spielführer,

der den Losentscheid gewinnt,

darf sich aussuchen,

auf welches Tor seine Mannschaft spielt.

Die andere Mannschaft beginnt dafür

mit dem Ankick.

Der Anstoß erfolgt in der Mitte des Platzes,

an der Mittellinie, im Mittelkreis.

Auch zu Beginn der zweiten Spielhälfte

oder nach einem Tor wird das Spiel
jeweils an der Mittellinie
wieder aufgenommen.
Wer ist nun Sieger in einem Spiel?
Ganz klar, es gewinnt die Mannschaft,
die öfter in das Tor des Gegners trifft
als die andere.
Schießen beide Teams gleich viele Tore,
ist das Spiel unentschieden.
Unentschieden endet ein Spiel auch,
wenn kein Team einen Treffer erzielt.

Kein Tor!

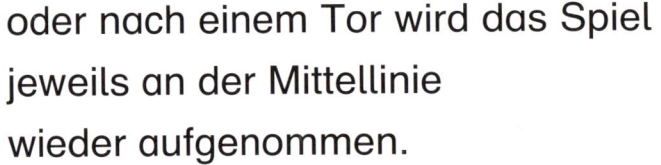

Kein Tor!

c) Die Linien auf dem Feld

Tore entscheiden also ein Spiel.

Manchmal wird deshalb gestritten,

ob der Ball schon hinter der Torlinie war

oder nicht.

Was genau ist nun ein »Tor«?

Als Tor gilt, wenn der Ball

die weiße Linie zwischen den Torstangen

überschreitet, und zwar ganz,

das heißt mit seinem vollen Umfang.

Was bedeuten eigentlich all die Linien

auf einem Fußballplatz?

Die Mittellinie teilt das Spielfeld

in zwei gleiche Hälften.

Beim Anstoß muss sich jede Mannschaft

in ihre Hälfte zurückziehen.

An den Längsseiten wird jedes Spielfeld
von den Seitenlinien begrenzt,
auf den schmäleren Seiten von den Torlinien.
Oft rollt der Ball über die Seitenlinie.
Dann gibt der Schiedsrichter Seitenaus.
Die Mannschaft,
die den Ball *nicht* ins Aus geschossen hat,
bekommt den Ball.
Ein Spieler führt einen Einwurf durch.
Er muss dabei mit *beiden* Beinen
auf dem Boden stehen, entweder
auf der Seitenauslinie oder dahinter,
und den Ball mit beiden Händen
über den Kopf zurück ins Spielfeld werfen.

Rollt der Ball über die Torlinie
(aber nicht ins Tor),
gibt es zwei Möglichkeiten:
Es kommt darauf an: Wer
hat den Ball ins Toraus gekickt?
War es die angreifende Mannschaft?
Dann gibt es Torabstoß. Das heißt,
die verteidigende Mannschaft
schießt den Ball von einer Ecke
des Torraums wieder ins Spielfeld.
Oder hat die verteidigende Mannschaft
den Ball über die eigene Torlinie gelenkt?
Dann gibt es Eckball.
Die angreifende Elf darf den Ball
von der Ecke aus ins Spielfeld schießen.

Das gehört zu den Spielregeln,
die auf der ganzen Welt (fast) gleich sind.
Nicht selten führt ein Eckball
– wie in unserer Geschichte –
zu einem Tor.
Kindermannschaften spielen übrigens
auf kleineren Plätzen auf kleinere Tore.

d) Was beim Fußball verboten ist

Bei einem hitzigen Fußballmatch
geraten die Spieler in ihrem Eifer
oft ganz schön aneinander.
Damit sie sich nicht gegenseitig verletzen,
gibt es noch weitere wichtige Regeln.
Sie besagen, was im Fußball verboten ist.
Wer gegen so eine Regel verstößt,
begeht ein Foul (sprich: Faul).
Verboten, also ein Foul, ist im Fußball:

Bein stellen

beleidigen

rempeln

spucken

aufstützen

gefährliches
Spiel

stoßen

festhalten

e) Der Schiedsrichter

Der Schiedsrichter soll dafür sorgen,
dass alle Regeln eingehalten werden.
Keine leichte Aufgabe! Gute Schiedsrichter
sind immer in der Nähe des Balles,
damit sie kein Foul übersehen.
Zwei Schiedsrichterassistenten
helfen dem Mann mit der Pfeife.

43

Entlang der Seitenauslinien
zeigen sie mit der Fahne an,
ob der Ball im Seiten- oder im Toraus ist.
Begeht jemand ein Foul,
dann wird dessen Mannschaft
vom Schiedsrichter bestraft,
und zwar mit einem Freistoß.
Die Spieler der anderen Mannschaft dürfen
immer eine »Mauer« machen.
Bei manchen Fouls gibt es eine Verwarnung.
Der Schiedsrichter zeigt dem Spieler die gelbe
Karte und notiert sich seine Rückennummer.
Bei der zweiten Verwarnung oder

nach einem groben Foul zückt
der Schiedsrichter die rote Karte.
Da gibt es keinen Pardon mehr:
Der Spieler muss vom Platz
und darf auch nicht durch einen
Ergänzungsspieler
ersetzt werden.
Wird ein Angreifer im Strafraum gefoult,
gibt der Schiedsrichter Elfmeter.
Ein Spieler der angreifenden Mannschaft
schießt dabei vom Elfmeterpunkt
direkt auf das Tor.
Dabei darf ihn niemand stören.
Allein der Torhüter kann das fast sichere
Tor verhindern.
Beim Kinderfußball beträgt die Entfernung
nicht elf, sondern nur neun Meter.

Kleines Fußball-Lexikon

Wichtige Begriffe in Kurzform

Abseits: Die Abseitsregel soll verhindern, dass sich ein Spieler nur vor dem gegnerischen Tor aufhält. Abseits wird gepfiffen, wenn ein Spieler dem gegnerischen Tor näher ist als der Ball bei der letzten Berührung. Ausnahmen: Es ist kein Abseits, wenn zuletzt ein Gegenspieler den Ball berührt hat oder wenn sich mindestens zwei Gegenspieler zwischen dir und der Torauslinie befinden. Abseits wird mit einem Freistoß bestraft.

Direkter Freistoß: Ein Freistoß wird von der Stelle ausgeführt, wo das Foul geschehen ist. Beim direkten Freistoß darf sofort auf das Tor geschossen werden – anders als beim indirekten Freistoß.

direkter Freistoß

Dribbling: Laufen mit dem Ball am Fuß.

Eckball: Wenn die verteidigende Mannschaft den Ball über die eigene Torlinie kickt, gibt es Eckball. Die angreifende Mannschaft darf den Ball von der Ecke aus schießen, die Abwehrspieler müssen 9 m Abstand halten.

Effet: Der Ball wird nicht in der Mitte getroffen, sondern »angeschnitten«, damit er eine leichte Kurve fliegt.

Flanke: Der Ball wird von der Spielfeldseite zur Mitte geschlagen.

Gelbe Karte: Bei manchen Fouls kann der Schiedsrichter den Spieler verwarnen. Er zeigt ihm die gelbe Karte und notiert sich seine Rückennummer.

46

indirekter Freistoß

Indirekter Freistoß: Ein anderer Spieler muss den Ball berühren, dann erst darf auf das Tor geschossen werden.

Libero: Der Libero ist der Chef in der Abwehr. Er steht hinter den Verteidigern und ist daher der letzte Mann vor dem Torwart.

Manndeckung: Jeder Abwehrspieler kümmert sich um einen gegnerischen Angreifer und »deckt« ihn, das heißt, er lässt ihn nicht aus den Augen und folgt ihm auf Schritt und Tritt.

Raumdeckung: Dabei werden nicht die gegnerischen Stürmer gedeckt, sondern die Abwehrspieler teilen sich den »Raum« auf. Jeder Verteidiger ist für einen bestimmten Bereich auf dem Feld zuständig und nicht für einen bestimmten Angreifer des Gegners.

Rote Karte: Bei der zweiten Verwarnung oder bei einem schweren Foul zeigt der Schiedsrichter dem Spieler Rot. Der Spieler muss vom Platz! Für den Rest des Spieles darf er nicht mehr mitspielen. Dadurch ist seine Mannschaft geschwächt, denn für den Ausgeschlossenen darf auch kein Ergänzungs-spieler kommen.

Standardsituationen: Freistöße, Eckbälle und Einwürfe heißen Standardsituationen, weil sie immer wieder so oder ähnlich bei einem Spiel vorkommen.

Volleyschuss: Der Volley ist ein Schuss, bei dem der Ball direkt aus der Luft angenommen wird.

Suchbild

Hoppla, auf diesem Bild sind 10 Fehler versteckt. Findest du sie? Was stimmt hier nicht?

Lösungen:
1. Fehlende Tor- und Torraumlinien, 2. Der Torhüter hat die falsche Trikot-Nummer, 3. Ein Spieler trägt ein »L« als Rückennummer, 4. Ein Spieler trägt die falsche Rückenfarbe, 5. Der Schiedsrichter hat eine Hupe anstatt der Pfeife, 6. Der Schiedsrichter zeigt die »blaue« Karte, 7. Ein Spieler trägt die Schiedsrichterpfeife, 8. Ein Fotograf befindet sich auf dem Spielfeld, 9. Ein Spieler trägt Tennisschuhe und Socken, 10. Es sind zwei Bälle im Spiel